वो इश्क़
TUMHARI KAHANI

ऋषभ त्रिपाठी

ये किताब हर उस आशिक़ को समर्पण है जो अपनी मासूका,
अपनी महबूब , अपनी प्रेमिका, अपनी माँ, अपनी मोहब्बत,
अपने आप से बे-इन्तहा मोहब्बत करता है और इस किताब में
मैंने अपने निजी अनुभव और कई बड़े शायरों के विचार प्रकट
किए है जिन्होंने आपको प्यार करना प्यार निभाना और प्यार
भूलना सिखाया है उम्मीद है इस किताब को पढ़ कर आप बस
खुश होंगे क्यूकी ये किताब आपको हर उस मीठी याद की याद
दिलाएगी साथ ही साथ आपको एक नयी सोच देगी प्यार को ले
कर आपका अपना दोस्त |

ऋषभ त्रिपाठी

क्रम-सूची

आमुख   vii

   1. जब वो दिखी   1

   2. इश्क़ कैसे करे   6

   3. इश्क़ क्यों करे   10

   4. बिछड़ना   14

कुछ बाते   17

उम्मीद   19

ज़ुल्फ़े   21

बर्बाद   23

स्कूल   25

धन्यवाद   27

आमुख

इस किताब को पढ़ने से पहले आप एक बार खुद को पढ़ने की कोशिस करे आपको कभी प्रेम, प्यार, इश्क़, मोहब्बत, या आप जो भी इसे अपनी भाषा में बोलते है वो आपको कभी हुआ है और अगर हुआ है और आप साथ है तो बहुत अच्छी बात पर अगर नहीं है तो उसका कारण सोचिए गलती न ढूंढिए किसी की बस ध्यान रखे और आज एक बार हो सके तो अपने प्रेमी प्रेमिकाओ से बात कर लो इस किताब को पढ़ने से पहले और उनको भी ये बोलो की मुझे बस इतना बताना है की ऋषभ त्रिपाठी की लिखी वो इश्क़ किताब पढ़ लो और फिर देखना अपने आप अगर वो इंसान अच्छा होगा उसको कदर होगी या उसको जरा सी भी मोहब्बत होगी तो आपका ये रिश्ता बच जाएगा क्युकी रिश्ता बचाना बहुत जरूरी है क्युकी रिश्ते बनाने में उम्रे लग जाती है पर रिश्ते को तोड़ने में खत्म करने में 5 मिनट भी नहीं लगते है इसलिए मेरी मनो और एक बार आप जिससे मोहब्बत करते है उससे बात कर लो और इस किताब को पढ़ कर किसी ऐसे सख्स को दे देना जिसको इस किताब की जरूरत हो |

धन्यवाद

1. जब वो दिखी

मै जब उसे देखता हु तो खुश हो जाता हु तब मुझे ग़ालिब साहब का एक शेर याद आता है की "उसको देखे से आ जाती है जो मुँह पर रौनक वो समझते है की बीमार का हाल अच्छा है" पर जब आप जिनसे प्रेम करो और वो आपके सामने हो तो दिल को एक सुकून सा रहता है तो जब मै उस गली से गुज़रता था जहा घर था उस कत्थई आँखों वाली का, तो बस वो दिख जाती और बस उसकी एक नज़र पड़ जाती थी और फिर क्या फिर तो बस मन करता की अब इस लम्हे को यही थाम दू कैसे भी करके इस वक़्त को रोक दू पर यही तो हम नहीं कर सकते और शायद यही इश्क़ है जब आप ऐसे चीज़े करने की सोचने लगो जो की हो ही नहीं सकती और फिर जब बात हो उस इश्क़ की, जब सामने वाले को पता भी न हो की आप उससे इश्क़ करते हो तो तब एक नज़्म लिखी थी,,

"एक तरफा प्यार भी कितना खूबसूरत होता है,
तुम बस उसकी खुशी में हस लेना चाहते हो,
उसके ही ख्वाब पूरी जिंदगी जी लेना चाहते हो,
वो परेशान हो तो बेचैनी तुम्हें भी होती है ,
या वो किसी के साथ खुश हो तो खुशी तुम्हे भी होती है,
पर एक बात याद रखना,

एक तरफ़ा इश्क का कोई अंजाम नहीं होता ,

हर बार अखिरी में सिर्फ आशिक ही रोता ,

तो जितना जल्दी हो सके दूर होना सुरु करो,

कुछ लोगो की कीमत चले जाने के बाद समझ आती
है ,

हा शायद इस के बाद जिंदगी फिर ऐसे लोगो से नहीं
मिलाती है,

हो सके तो एक बात ध्यान रख लेना तुम .

अगर कोई ऐसा सख्श हो तुम्हारे पास तो बस उसको
पास रख लेना तुम .

और एक तरफ़ा इश्क़ में कभी हार ना मानना ,

पर बात जब आत्मसम्मान पर आ जाए तो उस रिश्ते
को

बस वही दफ़न हो जाने देना तुम .....”

खैर ये तो ज्ञान की बात हो गयी पर जब वो दिखी तो
हवाएं तो नहीं रुकी न ही कुछ ख़ास बदला पर कुछ तो
उस दिन पहली बार ऐसा हुआ की फिर कभी न उसके
जैसा हुआ, उसके लम्बे काले बाल और कत्थई आँखे तब
लिखा था उस खूबसूरत सख्स के लिए |

“दिल कहता है आज एक किताब लिखूं...
हर पन्ने पर तेरा ही ख्वाब लिखूं,
हुस्न तेरे का गर बयान करु...
आंखे मासूम और होठ गुलाब लिखूं,,,
मुझे मालूम है तुम मेरे नहीं,,,
तो फिर कैसे खुद को कामयाब लिखूं....

मेरी ज़िन्दगी में खुशियां तेरे बहाने से है...
आधी तुझे सताने से, और आधी तुझे मानने से है...
आज छोटी सी एक नज़्म लिखी है...
कहो तो पूरी किताब लिखूं,,,"

जब ऐसा सख्स मिले आपको जिसको देख कर लगे की
बस ये सख्स मिल जाए तो ज़िन्दगी आराम से कट जाये
तब थोड़ा रुकना क्युकी वो प्यार नहीं है वो बस वासना है
और तब हाफी साहब का एक शेर याद आता है की

"बहुत जल्दी दिल में उतरने वाले लोग ,,,
बहुत जल्दी दिल से उतर भी जाते है ..."

प्यार तो तब है जब वो आपके सामने न हो और तब भी
बस आप उसकी यादों में उसकी बातो में खोये हो प्यार
क्या है पहले मै बताऊ उससे पहले वसीम बरेलवी साहब ने
बताया प्यार बड़ी जिम्मेदारी की चीज़ है, प्यार हसी
मजाक नहीं है ज़िन्दगी की साधना का नाम प्यार है

"वो जो कहते है कही प्यार न होने देंगे ,,,
हम उन्हें राह की दीवार न होने देंगे ,,,
तू जिसे चाहे उसे रौंद के आगे निकले,,,
हम तेरी इतनी भी रफ़्तार न होने देंगे ..."

अब अगर मै बताऊ प्यार के बारे में तो प्यार सिर्फ एक
सख्स से नहीं होता प्यार बहुतो से होता है अलग अलग
रिश्तो में होता है अब आया तो मै दुनिया देखने था पर
उस चेहरे के बाद दुनिया दिखी ही नहीं तब लिखा था,,

"आपका यूँ ज़ुल्फे सवारना ,
उस घायल दिल के जख्मो को भर देता है.
और ज़ुल्फे सवारते वक़्त ,जो ज़ुल्फों के पीछे से कान
के झुमके झाकते है न,
खुदा की कसम उस समय सारी कायनात की ख़ूबसूरती
,

खुदा आपके चेहरे पर रख देता है."

जब आपको प्यार होगा न तब आप ऐसा महसूस करेंगे की आपको पंख मिल गए है और सब कितना आसान हो गया है आपको इस दुनिया इस कुदरत के हर एक रंग दिखने लगेग तब आप यकीन कर लेना की हां ये प्यार है और तब आप प्यार में हरकते करने से न शर्माना लोग बोलेंगे ये क्या कर रहे हो क्युकी प्यार तो होता है प्यार प्रेम गली में उसका बस इंतज़ार करते रहना और यकीन मानो मेरा अगर प्यार सच्चा होगा और अपने उसी दिल से चाहते होंगे तो शाहरुख़ खान ने बोलै है की जिस चीज़ को आप शिद्दत से चाहो फिर पूरी कायनात आपको उससे मिलवाने में लग जाती है और प्यार एक जादू ही तो है बस आप कोशिस करते रहो और देखना एक दिन जादू हो जाएगा और तुम भी जादूगर बन जाओगे बस एक बात ध्यान रखना प्यार कर लेना बहुत आसान होता है अगर कुछ सबसे मुश्किल होता है तो वो है उस प्यार को निभा पाना उसकी पवित्रतता को समझ पाना उस उम्र भर सहेज के रख पाना और वो करते करते दुनिया में और लोगो को बाट पाना और ये करना सबसे मुश्किल हो जाता है क्युकी बहुत से लोगो का मन भर जाता है और ऐसा इसलिए

होता है क्युकी वो वासना और प्यार को समझ नहीं पाते पर आप समझ जाएंगे क्युकी आप वो इश्क़ पढ़ रहे है और ये सब होगा क्युकी आप इंसान हो बाते होंगी लड़ाईया होंगी बाते कई दिनों तक बंद भी हो जाएंगी पर यहाँ पता चलेगा की कैसे आप इन सब को ठीक करते हो बस इस समय कुछ ऐसा न करना अपनी दोस्ती या प्यार को ले कर कि बाद में आपको उस चीज़ का अहसास हो और एक बात याद रखना प्यार होने के लिए सबसे जरूरी है दोस्ती दोस्ती ही प्यार का पहला कदम है एक बार मेरे दोस्त केशव ने मेरे से बहुत अच्छी बात कही थी की अगर कभी किसी से लड़ाई भी हो जाए न तो उसकी जो बाते है या आप दोनों के बीच की जो बाते है आप कभी किसी तीसरे को मत बता देना क्युकी अगर आप ये करोगे तो आपका पूरा रिश्ता उसी समयँ वही पर खत्म हो जाएगा पर आप परेशान न हो की अपने कभी ऐसा किआ हो तो क्युकी बोला न मैंने आप इंसान हो और गलती इंसान से ही होती है बस आपको वो गलती दुबारा दोहरानी नहीं है और आप अपने ऊपर बस विस्वास रखो सब अच्छा होगा तब ज़ाकिर खान का एक शेर याद आता है

"देर लगेगी मगर सही होगा ,
तुम्हे जो चाहिये वही होगा ,
दिन बुरे है ज़िन्दगी नहीं ,
सब्र रखो सब सही होगा ."

2. इश्क़ कैसे करे

सबसे पहले इतना जान लो की अगर किसी के पास रहना हो उम्र भर तो उससे थोड़ा दूर रहना भी जरूरी हैं क्युकी किसी भी चीज़ या इंसान की कीमत उसके रहने पर समझ में नहीं आती जब वो सख्स नहीं होता है आपके पास तब आप को उसकी कमी खलती है तो आप किसी के लिए हमेशा उपलब्ध न रहिये और रहेंगे तो आप की वैल्यू खत्म हो जाएगी अब इसका ये मतलब भी नहीं है की उस सख्स को जब आप की जरूरत है या वो कसी परेशानी में है तब भी आप उसके पास नहीं है और एक बात ध्यान रखना कभी भी इश्क़ में अपने प्रेमी को कन्ट्रोल करने की कोशिश मत करना क्युकी किसी को अपने वश में करना इश्क़ नहीं है इश्क़ क्या है और इश्क़ या मोहब्बत कैसे करते है ये सब जानने से पहले ये जानना भी बहुत जरूरी है की इश्क़ क्या नहीं है और इश्क़ में आप मुसलसल रास्ते भटकेंगे तब समझ लेना की आप इश्क़ में चल रहे है और ये याद रखना की अब आज कल की मोहब्बात में तो पांच मिनट में चेहरे बदले जाते है जीवन मिटटी हो जाता था एक मोहब्बत होती थी तो आपको भी वो बस एक मोहब्बत करनी है जो और लोगो के लिए मिसाल बन जाए और हम कामयाबी के बाद का प्लान तो सब बना लेते है पर अगर कभी गलती से फेल हो जाए तब हमें नहीं पता होता उससे डील कैसे करना होता है तब हम सब बहुत

निराश होते है जिस सख्स से हारे होते हो उससे गुस्सा होते है जिससे हम मोहब्बत करते है अगर वो हमे मना कर दे तो हम उसके लिए बुरा सोचने लगते है उसके बारे में लोगो को बुरा बोलने लगते है उसके चरित्र पे सवाल उठाने लगते है उसको गालिया देते है और कई बार तो कुछ लोग ऐसे घिनोने काम कर देते है जिसको हम और आप तो सपने में भी सोच सकते तो मै आपको बता दू अगर आप ऐसा कर रहे है तो ये इश्क़ तो बिलकुल भी नहीं है और अगर आप ऐसा कर रहे है तो आप इश्क़ तो कभी भी किसी से भी नहीं कर सकते और हां कोई मन करता है तो निराशा होती है तब आप हरिवंश राय साहब की वो बात याद कर लिए करो की

"मन का हो तो अच्छा और मन का न हो तो और
भी अच्छा
क्युकी जब आपके मन का नहीं होता तब ईश्वर के
मन का होता है"

और तब ज़ाकिर खान की वो बात याद आती है जब उन्होंने बोला था ये दुनिया इतनी ख़राब है की अगर आपको आज कोई चीज़ चाइहे तो वो बिलकुल नहीं मिलेगी मान लीजिए आपको आज कोई शर्ट चाहिए तो आपको आज वो बिलकुल नहीं मिलेगी पर आप थोड़ा सा इंतज़ार कीजिए और मेहनत करते रहिये तब आपको पता चलेगा की आपको थोड़े दिन बाद ये पता चलेगा की वो शर्ट आपके लिए उतनी ज़रूरी थी भी नहीं क्युकी भगवान् ने आपके लिए एक महंगे सूट का इंतज़ाम कर रखा है और

जब इश्क़ की बात हो रही है तो मै अपनी माशूका जो मेरी पहली मोहब्बत है उसको कैसे भूल सकता हु मै बात कर रहा हु "चाय" की तुम और चाय....आय हाय मेरे शहर कानपुर में चाय बहुत ही ज्यादा लोकप्रिय है | यहाँ कई तरीके की चाय मिल जाती है बदनाम चाय, तंदूरी चाय, मसाला चाय, अदरक वाली चाय, और न जाने ऐसे ही अलग अलग नाम वाली चाय पीना लोग बेहद पसंद भी करते है मुझे भी अदरक वाली चाय बेहद पसदं है मेरी तो सुबह और शाम चाय के बिना अधूरी ही रहती है | कानपूर में चाय चाय की लोकप्रियता के बारे में जितना कहो उतना काम है | आलस दूर करना हो, वक़्त नहीं कट रहा हो, लोगो के साथ बैठे हो, कही बाहर घूमने गए हो, या ढेर सारी चर्चा करनी हो ऐसी कितनी ही चीज़ो की, कहानियों की ये चाय हिस्सा होती है खैर बातो बातो में मै इतनी दूर निकल गया की अपनी और अपनी प्रेमिका की सारी बाते ही बता दी आपको पर आप ये भूल इश्क़ में कभी मत करना अपने दोनों के बीच की बात कभी किसी तीसरे को मत बताना वहा पर ही प्रेम कमज़ोर हो जाएगा पर याद रखना प्यार तुम्हारी कमज़ोरी नहीं है प्यार तुम्हारी सबसे बड़ी ताकत है और तुम उस ताकत का इस्तेमाल कर के पूरी दुनिया जीत सकते हो प्यार की ताकत प्यार सोच समझ कर मत करना क्युकी सोच समझ कर प्यार नहीं किया जाता

"इस तरह हम सुकून को महफूज़ कर लेते हैं,
जब भी तन्हा होते हैं तुम्हें महसूस कर लेते हैं।

ऋषभ त्रिपाठी

किसी को प्रेम देना सबसे बड़ा उपहार है,

और किसी का प्रेम पाना सबसे बड़ा सम्मान।"

3. इश्क़ क्यों करे

इश्क़ क्यों करे ये सवाल आप सोच रहे होंगे कितना बेहूदा और बेकार है लेकिन आज भी हमारे समाज में इश्क़ करना बहुत जरूरी है आज भी हमारे माँ बाप एक उम्र के आने के बाद क्यों कहने लगते है की अब शादी कर लो इश्क़ करना इसलिए भी ज़रूरी है क्युकी जब कोई इंसान इश्क़ करता है तो वो सिर्फ मोहब्बत नहीं करता उसके अंदर एक जिम्मेदारी आ जाती है वो और ज्यादा इमोशनल हो जाता है इश्क़ इंसान के अंदर प्यार का भाव भर देती है फिर वो इश्क़ चाहे जानवर से ही क्यों न किआ हो और इश्क़ करने का एक ये कारण भी सबसे अच्छा है की अगर आप किसी से इश्क़ कर लो और वो आपको छोड़ दे ये बोल के की तुम कामयाब नहीं हो या तुम अपनी जिंदगी में कुछ भी नहीं कर सकते तब ये इश्क़ बहुत काम करता है उस समय सिर्फ ये इश्क़ आपका सबसे बड़ा मोटिवेशन बन कर आपके सामने खड़ा होता है की आखिर इसने ये कहा कैसे अब तो मै ये कर के दिखाऊंगा तो इश्क़ आपकी सफलता में भी बहुत योगदान देता और मै तो अभी तक जहा भी अपनी आशिक़ी की वजह से ही हु ज़ाकिर भाई की दो लाइन याद आ जाती है |

"देख तेरा बेवफा होना ,,
मेरे रब को कितना भा गया ,,

तुमने मुझे छोड़ा ,,,
और देख आज मै कहा आ गया ..."

तो इश्क़ इसलिए भी बहुत जरूरी है क्युकी वो आपको आपकी औकात दिखाता है और आपको बताता है की आपके अंदर कितनी ताकत है जिससे आप वो हर मुकाम पूरा कर सकते हो जो मुकाम आप पूरा करना चाहते हो और जब आप इश्क़ करते हो न तब आपका बहुत नाम होता है तब लिखा था मैंने

"हमारा भी बहुत नाम है एक गली में ,,,
हां हम भी बहुत बदनाम है एक गली में ..."

बस इश्क़ दोस्ती या किसी भी रिश्ते को बनाते समय एक बात का ध्यान रखना ज़िन्दगी में कुछ भी तोड़ देना बड़ी से बड़ी चीज़ भी तोड़ डोज तो भी इतना बड़ा नुक्सान नहीं होगा बस किसी का विश्वास और दिल मत तोडना क्युकी रहीम दास जी लिखते है |

"

रहिमन धागा प्रेम का मत तोड़ो चटकाय
एक बार जो टूट जाए जुड़े तो गाठ पड़ जाए |"

अर्थात प्रेम विश्वास और किसी से दिल लगाने में उसपे विश्वास करने में बहुत समय लगता है किसी किसी की तो पूरी ज़िन्दगी बीत जाती है किसी पे विश्वास करने में और अगर आप उसी तोड़ दोगे ना तो फिर इंसान को दोबारा

विश्वास करने में बहुत समय लग जाता है और डरा हुआ
रहता है की कही ये फिर से न छोड़ के चला जाए इसलिए
बस किसी का विश्वास मत तोड़ना क्युकी दुआए देर में
असर दिखती है पर किसी ने अगर उदास मन से बद्दुआ
दे दी तो वो ब्बहुत जल्दी और बहुत ख़राब असर दिखाती
है तो किसी की भी बद्दुआए मत जमा करना क्युकी जो
इंसान विश्वास तोड़ता है ना उसको भगवान् भी पसंद नहीं
करते है, और जब आप कसी का विश्वास तोड़ देते हो ना
तब लिखा था की कैसे एक आशिक़ एक अच्छा इंसान मर
जाता है |

"धुप देकर ज़िन्दगी छाव गटक रही है
इश्क़ के आगे ज़िन्दगी पाँव पटक रही है
और कल रात उसकी ज़रूर बेवफा हो गयी
आज पंखे पर जिसकी लाश लटक रही है |"

इंसान कितना विश्वास करता है आज भी सिर्फ कुछ शब्दों
की कितनी अहमियत होती है जिसमे से एक तीन अक्षर
का एक शब्द है कसम जिसमे आज भी इंसान कितना
ज्यादा मानता मतलब बिना किसी सबूत के बस आप मुँह
से कुछ बोल रहे हो और सामने वाले को सुकून हो जाता
है की हां अब इसने कसम खाई है तो ये सच बोल रहा
होगा वो बेफिक्र हो जाता है फिर उस बात को ले कर ऐसे
ही एक दो अक्षर का शब्द है वादा जो आप किसी से कर
दो तो बस वो एकदम मस्त हो जाता है की वादा किआ है
तो तोड़ेगा नहीं निभाएगा इसलिए कभी इन शब्दों का जादू
मत खत्म होने देना नहीं तो लोगो का विश्वास खत्म हो

जाएगा ये सिर्फ शब्द नहीं है ये जादू है जो होता है ||

4. बिछड़ना

बिछड़ना मिलना ये ज़िन्दगी है और आप को ये समझना पड़ेगा, किसी ने बहुत अच्छी बात बोली थी की आपको अगर किसी के पास रहना है न तो उससे थोड़ा दूर रहना चाहिए मतलब अगर आप उनसे बिछड़ने से बचना चाहते है तो जीने दीजिए उन्हें भी अपनी ज़िन्दगी क्युकी इश्क़ में किसी को अपने वश में नहीं किआ जाता बस उसके लिए उस इश्क़ के लिए उसकी खुशियों के लिए खो जाया जाता है अगर उसको बिछड़ने में दूर होने में ख़ुशी है तो आप खुद दूर हो जाओ ये इश्क़ है पर बिछड़ते समय दर्द तो दिल में होता ही है तो जब मै उससे बिछड़ा तब लिखा था की

"कई मुद्दते हो गयी उसी देखे ,,,
अब तो मुलाक़ात भी नहीं होती ,,,
और लोग पूछते है तुम्हे गम किस बात का है ,,,
अब उन्हें क्या बताये अब तो बात भी नहीं होती |"

बिछड़ने के बाद तो बड़ा दुःख होता है मर्द तो पूरा टूट जाता है अगर उसने सच्ची मोहब्बत की हो और वो बस ये सोचता है की भूल जाऊ उसे याद न आये वो पर उसके यार दोस्त कही न कही उसका ज़िक्र कर ही देते है तब अली साहब ने लिखा है

"इस तरह से ना आज़माओ मुझे ,,,
उसकी तस्वीर मत दिखाओ मुझे ,,,
ऐ मुमकिन है मई पलट आउ ,,,
उसकी आवाज़ में बुलाओ मुझे ,,,
मैंने बोला था याद मत आना ,,,
झूट बोला था याद आओ मुझे ||"

और जब आप बिछड़ते हो न तब आप एक दुसरे को देखना नहीं चाहते हो तब ज़ाकिर खान ने लिखा है की ,

"कुछ इस तरह तेरे मेरे रिश्ते ने आखिरी सास ली
ना मैंने पलट कर देखा ना तुमने आवाज़ दी "

और बस आप यही पर हार जाते हो अगर प्यार है तो आपको एक मौका देना चाहिए एक बार पीछे मुद कर देखना चाहिए हो सकता है जब आप पीछे मुड़ो तो वो आपके लिए रुका हो आपका इंतज़ार कर रहा हो बस आपको बुलाने की आपको आवाज़ देने की हिम्मत न बची हो उसके अंदर तो आप पीछे मुड़ कर उस रिश्ते को बचा सकते हो और जो रिश्ते को टूटने से बचा लेते है वो फ़रिश्ते होते है भगवन बहुत खुश होता है उनसे जो लोग एक रिश्ते को टूटने से बचा लेते है |

"मिले किसी से गिरे जिस भी जाल पर मेरे दोस्त
मै उसको छोड़ चूका उसके हाल पे मेरे दोस्त
ज़मीन पे सबका मुक़द्दर तो मेरे जैसा नहीं
किसी के साथ तो वो होगा कॉल पे मेरे दोस्त "

बस अपना आत्मसम्मान मत गिरने देना और अगर
आत्मसम्मान गिर जाए तो बस इतना याद रखना
मोहब्बत अज़ीयत का नाम नहीं है मोहब्बत आज भी
इज़्जत के साथ हो सकती है बस कोई करने वाला होना
चाहिए

"जनता हु तुझे कौन सी मज़बूरी थी
अब मेरे सामने आँसू ना बहा
चाय पीते है कही बैठ कर दोनों भाई
वो जा चुकी है, ना तो चल छोड़ बस चला जाने दे "

कुछ बाते

"अपनों के ना होने का अहसास तो
बस वही समझ सकता है
जिसने कोई अपना खोया हो
अक्सर दिखाई नहीं देता
पर शामिल जरूर होता है
हर खुदखुशी. करने वाले का क़ातिल जरूर होता है || "

उम्मीद

"जब घर के जेवर बेचे जाते है
ये दिल बहुत सिसकता है
माँ के आँसू तो दिखते है
बाप अंदर ही रोता है
जब घर के जेवर बेचे जाते है
एक सन्नाटा सा छा जाता है
मायूसी से पूरे घर का रंग उतरता जाता है
जब घर के जेवर बेचे जाते है ये दिल बहुत सिसकता
है
"

ज़ुल्फ़े

"तुमसे मिलकर ही तो ये जाना है
तुम्हारे बाद ही तो खुद को पहचाना है
    और तुम्हारा यूँ ज़ुल्फ़े सवारना ,,,
उस घायल दिल के ज़ख्मो को भर देता है ,,,
और ज़ुल्फ़े सवारते वक्त जो ज़ुल्फो के पीछे से ,,,
झुमके झांकते है ना,,,
खुदा की कसम उस समय कायनात की सारी खूबसूरती
,,,
खुदा आपके चेहरे पर रख देता है ||"

बर्बाद

"प्यार की वसीयत तुम मेरे नाम कर दो ना ,,,
और तुम सिर्फ मेरे हो अब ये ऐलान कर दो ना ,,,
और तुम बन जाओ मंज़िल मुझे सफर का अंजाम कर
दो ना ,,,
इस दिसंबर की ठण्ड में छू कर मुझे ,,,
जून की गर्मी का अहसास कर दो ना ,,,
और मेरी आँखों में आंसू आये तो बदल से इशारा कर
के,
तुम बिन मौसम बरसात कर दो ना ,,,
और क्या करने कराने को रह गया है ,,
तुम मुझे बरबाद कर दो ना ..."

स्कूल

"स्कूल की बस जब गुज़रती है सामने से ,,,
वो दिन वो स्कूल वो समय याद आता है ,,,
जब नहीं कोई परेशानी और ना ही फ्यूचर के बारे में
सोचने की बातें होती थी ,,,
बस दोस्तों के साथ पूरे दिन बैठ कर हसी मजाक और
यारी होती थी ,,,
तब आगे क्या होगा दिमाग में ये नहीं आता था बस
जो हो रहा है उसको देखा जाता था ,,,
जब सुबह आनाकानी कर के माँ के चिल्लाने पर उठते
थे ,,,
और वो छुट्टी वाली घंटी सुन कर हम ससब कैसे
स्कूल से भागने लगते थे ,,,
स्कूल के फेयरवेल पर हम कितना नाचे थे ,,,
स्क्रिबल डे पर किये हमने सबसे कितने वादे थे ,,,
किसे पता था की ये सबकी एक साथ आखिरी
मुलाक़ात होगी ,,,
फिर घर जा कर समझ आया की अब तो इनमे से
बस कुछ ही से बात होगी ,,,
वो यूनिफार्म उस दिन आखिरी बार पहनी थी ,,,
स्कूलिंग खत्म होने पर सबको कितना दर और बेचैनी
थी ,,,
अब वो क्लासेस से ले कर स्कूल के बहार मिल का
सफर छूट गया ,,,

"

वो पहली मोहब्बत और दुसरे सेक्शन वाली क्रश सब
याद बन कर रह जाएगा ,,,
बस इतना याद रखना की स्कूल पूरा कर लेने के बाद
तुम्हे भी स्कूल बहुत याद आएगा || ”

वो पहली मोहब्बत और दुसरे सेक्शन वाली क्रश सब
याद बन कर रह जाएगा ,,,
बस इतना याद रखना की स्कूल पूरा कर लेने के बाद
तुम्हे भी स्कूल बहुत याद आएगा ||

धन्यवाद

इस किताब को पढ़ने के लिए आपका धन्यवाद उम्मीद है आपने इससे बहुत कुछ सीखा होगा अगर आपको कभी भी कुछ परेशानी हो कुछ गम कुछ दुःख कुछ बात हो जो आप किसी से शेयर न कर पा रहे हो दिल में दबा के रखी हो तो आप सीधा बात कर सकते है मुझसे मेरे इंस्टाग्राम पर @tripathiji_28 और कुछ सुझाव देने हो या कुछ भी बोलना हो बोल सकते है " बस इतना याद रखना की दुखो को साथ ले कर नहीं चलते क्युकी फिर ये मुद्दतो साथ नहीं छोड़ते है आपका "

आप बहुत अच्छे है

जय श्री राम ||